GEORGES L'HOPITAL

1825-1892

NOTICE BIOGRAPHIQUE

PAR

Alfred de JANCIGNY

Docteur en droit,
Ancien auditeur au Conseil d'État, ancien préfet de l'Empire.

ÉVREUX

IMPRIMERIE DE CHARLES HÉRISSEY

4, RUE DE LA BANQUE, 4

1893

Ne se vend pas.

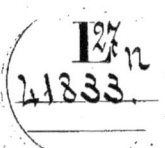

A MADAME

GEORGES L'HOPITAL

Madame et bien chère amie,

Un récit sincère de la carrière de Georges L'Hopital était le seul hommage digne de la mémoire de celui qui fut la sincérité même. C'est ainsi que j'ai compris et cherché à remplir la mission à la fois douce et triste que vous m'aviez confiée.

Puisse le témoignage d'un ami fidèle des bons comme des mauvais jours, apporter quelque adoucissement à votre douleur et à celle de vos enfants.

Alfred de Jancigny.

Evreux, 25 juin 1893.

GEORGES
L'HOPITAL

1825-1892

GEORGES
L'HOPITAL

1825-1892

NOTICE BIOGRAPHIQUE

PAR

Alfred de JANCIGNY

Docteur en droit,
Ancien auditeur au Conseil d'État, ancien préfet de l'Empire.

ÉVREUX

IMPRIMERIE DE CHARLES HÉRISSEY

4, RUE DE LA BANQUE, 4

1893

Ne se vend pas.

I

La famille L'Hopital est l'une des plus anciennes de Nonancourt; on voit figurer, dès 1570, un Jacques L'Hopital parmi les échevins de cette ville. Depuis, et jusqu'au milieu du XVIIe siècle, tous les maires de Nonancourt, sauf un seul, se sont appelés L'Hopital, Marcellet ou Le Rouyer. Ces familles, et un certain nombre d'autres qui figurent de bonne heure parmi les premières du pays, constituaient une sorte d'aristocratie qu'on appelait « la quarantaine » et qui puisait elle-même ses origines dans la corporation des tanneurs qui était florissante au XVIe siècle.

Les échevins et les principaux officiers municipaux étaient choisis parmi les familles de la quarantaine qui s'unissaient entre elles par des alliances constantes et multipliées. Rien de plus naturel de la part de ces vieilles races sédentaires, ayant mêmes intérêts, mêmes habitudes, même amour de la cité natale, vivant et mourant entre les berceaux des enfants et les tombes des ancêtres.

Les L'Hopital n'affichaient point de prétentions nobiliaires et, comme le disait Georges L'Hopital avec sa finesse si pleine de bonhomie : « Plusieurs centaines d'années de roture honorable et de notoriété bien établie leur suffisaient. »

« Ma tante Sophie, sœur de mon père, » écrivait-il encore, « était baronne de Grandchamp, mais du chef de son mari, général de brigade, ayant commandé l'artillerie de la garde, d'abord consulaire, ensuite impériale. Certes, je ne suis pas de ceux qui feraient fi de cette noblesse, non plus que des titres de mon oncle dont les états de service sont magnifiques, et dont la bravoure a été renommée entre toutes les bravoures de son temps... »

La mère de Georges L'Hopital, née en 1786, au château du Bois-Giroult, près Damville, avait été tenue sur les fonts baptismaux par son oncle, M. de Quincarnon, qualifié seigneur de Jersey. C'est aussi par une Quincarnon, marquise de Clinchamp-Bellegarde, que la terre de Jersey est advenue aux Clinchamp de qui les L'Hopital sont ainsi les parents à un degré assez rapproché.

Dans la ligne paternelle, Georges L'Hopital comptait, parmi ses ascendants directs, cette dame L'Hopital qui se distingua, en 1717, par le courage et la présence d'esprit dont elle fit preuve pour sauver la vie du fils de Jacques II, celui qu'on appelait alors « le prétendant ». Le cadre nécessairement restreint de cette notice ne permet pas de reproduire *in extenso* la très authentique et très dramatique anecdote que le duc de Saint-Simon relate d'ailleurs tout entière dans ses *Mémoires*. Nous citerons seulement l'opinion de Georges L'Hopital au sujet des lettres d'anoblissement qu'on prétendait avoir été offertes à son intelligente et loyale trisaïeule. « A Saint-Germain, » dit-il, « la cour des Stuarts ne décrétait plus guère et, à Versailles, le Régent n'avait aucune raison de donner du relief à cet incident que lord Stair, ambassadeur du roi Georges, avait, au contraire, tout intérêt politique et moral à laisser se plonger dans l'ombre. Non. La vérité c'est que Mme L'Hopital a été mandée à Saint-Germain par la reine d'Angleterre, veuve de Jacques II, qui l'a reçue d'une façon flatteuse et lui a donné deux portraits d'elle et de son fils. » Nous citons et nous citerons plus d'une fois Georges L'Hopital au cours de ce récit : nous y sommes entraîné par le charme d'un langage où se révèlent toujours les nobles instincts de son esprit : la passion de ce qui est juste, le goût de ce qui est simple, l'amour de ce qui est vrai.

Dans la ligne maternelle, nous trouvons en 1740, pour ne pas remonter trop loin, Jean Beaufils, conseiller du roi, lieutenant général de police, assesseur du bailliage de Nonancourt ; sa fille, mariée à Jacques Hippolyte Le Mercier, écuyer, sieur de Pierremont, eut elle-même une fille, Adèle Le Mercier de Pierremont qui devint la mère de Georges L'Hopital.

M. Pierre Nicolas L'Hopital, père de Georges, était fils d'Eustache L'Hopital, membre du Directoire du département de l'Eure et petit-fils de la dame L'Hopital de 1717. Il fut nommé, en 1802, directeur des Droits réunis (aujourd'hui contributions indirectes) du département de l'Eure. Investi de ces importantes fonctions à l'âge où généralement se termine à peine le surnumérariat, M. L'Hopital sut appliquer avec une sage modération les règlements fiscaux, et rendre ainsi plus facile la perception d'impôts que l'on trouvait d'autant plus lourds qu'ils étaient nouveaux. Cette première partie de sa vie publique fut interrompue au moment de la Restauration. « Et alors, » dit M. Antoine Passy, « le monde retrouva tout entier en lui l'homme élégant, aimable et poli, n'ayant d'autre soin que celui de plaire à tous. »

Après 1830, le canton de Nonancourt l'élut au Conseil général en remplacement de son père. Il y apporta, avec sa parfaite connaissance du pays, l'expérience qu'il avait acquise dans sa carrière administrative. C'est alors aussi que la ville d'Évreux l'appela dans son Conseil municipal et qu'il se rendit aux instances de ses concitoyens en acceptant la première magistrature de la cité, occupée, avant lui, par son beau-père, M. du Meilet, député de l'Eure. (M. L'Hopital avait perdu sa première femme, Mlle de Pierremont, et épousé, en secondes noces,

Mlle du Meilet.) La Révolution de 1848 le rendit définitivement à la vie privée. Il mourut en 1863, à l'âge de quatre-vingt-deux ans. Il était resté pendant dix-huit ans maire d'Évreux où l'on garde encore la mémoire des services qu'il a rendus, de sa loyauté, de ses qualités aimables et attachantes.

II

Georges L'Hopital naquit à Évreux le 22 juillet 1825. Il avait à peine quatre ans lors de la mort de sa mère. Il fut mis au collège d'Évreux dès l'âge de sept ans; il y fit ses premières classes et entra en quatrième au lycée Henri IV qui avait eu l'honneur de recevoir comme élèves les fils du roi Louis-Philippe. Là, sous les professeurs les plus distingués tels que Daveluy en rhétorique et Emile Saisset en philosophie, Georges L'Hopital termina ses études classiques, figurant toujours au premier rang. Doué d'une intelligence vraiment supérieure, le jeune lycéen montrait déjà une justesse et une maturité d'esprit bien rares à son âge, et l'on trouvait chez lui le germe des qualités maîtresses qui ont brillé de tout leur éclat dans les fonctions diverses qu'il occupa plus tard. Sa mémoire était prodigieuse, et nous tenons d'un de ses anciens condisciples le fait suivant qui mérite d'être relaté. A l'examen du baccalauréat, un des professeurs lui demanda l'explication de quelques vers des *Métamorphoses* d'Ovide. Après avoir ouvert le livre à la page indiquée, L'Hopital le referma et expliqua le passage en question. L'examinateur étonné passa à un autre chapitre ; l'élève l'expliqua de même, sans avoir ouvert le volume. Il savait par cœur toutes les *Métamorphoses*.

Au mois de novembre 1842, à dix-sept ans, il prenait sa première inscription de droit. Deux ans plus tard, en même temps qu'il soutenait sa thèse de licence et passait les deux examens de doctorat, il fut attaché au cabinet de M. Antoine Passy, sous-secrétaire d'État au ministère de l'Intérieur, ancien préfet de l'Eure et l'un des plus anciens et des plus intimes amis de sa famille. Dès lors, et en position d'être connu, Georges L'Hopital était sûr d'être apprécié. Sa valeur intellectuelle, l'irréprochable correction de sa vie, la distinction de ses manières, l'élévation de ses sentiments, ses excellentes relations de famille et d'amitié, tout semblait l'appeler à une brillante carrière. Mais les jours de la monarchie de 1830 étaient comptés, et, par une bizarre coïncidence qui ne devait pas d'ailleurs, l'avenir l'a prouvé, être un mauvais présage, L'Hopital fut nommé auditeur au Conseil d'État l'avant-veille de la Révolution (21 février 1848) et installé en cette qualité le 25 mars suivant[1].

---

[1] L'honorable M. Sallantin, conseiller à la cour de Cassation, a bien voulu communiquer à la famille de M. L'Hopital dont il était le plus ancien ami, de précieux renseignements sur cette époque de sa vie.

La situation des auditeurs en exercice fut remise en question par la loi du 3 mars 1849 qui reconstituait le Conseil d'État. Le nombre des auditeurs qui était illimité fut fixé à vingt-quatre et leur nomination mise au concours; Georges L'Hopital en subit avec succès les difficiles épreuves à la suite desquelles il fut nommé, au mois d'août 1849, en compagnie de jeunes hommes appartenant à l'élite de la même génération, au nombre desquels on peut citer les noms de Batbie, Charles Robert, de Bosredon, Leviez, Faré, Tranchant, Eugène Marbeau, etc... Le 8 août 1849, Georges L'Hopital fut attaché à la Section d'Administration (comité de l'Intérieur, de la Justice, de l'Instruction publique et des Cultes).

Il s'était déjà fait connaître par son ardeur au travail et ses aptitudes administratives; aussi, dès les premiers jours de son installation, fut-il désigné pour faire partie de plusieurs commissions importantes. Nous citerons, entre autres, sa nomination comme rapporteur avec voix délibérative, de la commission chargée d'examiner les réclamations des condamnés politiques de 1814 à 1848. L'énoncé de ces attributions suffit à laisser deviner combien, dans ces temps encore troublés et voisins de tant de perturbations politiques, il fallait, pour accomplir une semblable mission, de tact et d'intégrité, de fermeté et de modération. Presque en même temps, on voit figurer L'Hopital au nombre des rapporteurs de la grande commission instituée sous la présidence de M. de Tocqueville pour reviser la législation de l'Algérie.

A la fin de cette même année 1849, Georges L'Hopital fut investi de fonctions actives, on peut même dire très actives. Un arrêté du ministre de l'intérieur, en date du 8 décembre, l'attacha à la mission dont M. de la Coste venait d'être investi en qualité de commissaire extraordinaire dans les départements de la 6e division militaire. Pour que L'Hopital pût remplir ce poste, un premier congé de trois mois lui fut accordé par le vice-président de la République, président du conseil d'État, M. Boulay de la Meurthe. Ce congé dut être renouvelé cinq fois, car la mission de M. de la Coste ne prit fin qu'au mois d'août 1851. On trouve à chaque page de la correspondance du commissaire extraordinaire le témoignage de la justice qu'il rendait à celui qu'il se plaisait à appeler « son aide de camp ». Il écrit, le 22 janvier 1851, au président du conseil d'État :

« ... Si mon séjour à Lyon devait se prolonger, il serait fort désagréable pour moi et fort préjudiciable au bien public que la collaboration de M. L'Hopital me fût retirée. Je vous supplie, en conséquence, de lui accorder un nouveau congé de trois mois. Je vous supplie, en outre, de lui tenir compte de la campagne qu'il fait ici sous mes auspices ; elle est aussi laborieuse et l'initie autant à l'administration que quelque emploi que l'on puisse imaginer. J'appelle sur lui votre bienveillance et vous demande avec instance que les nombreux et importants services qu'il rend aident à son avancement dans le sein du Conseil d'État... »

Et le président du Conseil d'État répondait, en envoyant le congé :

« ... Je tiens à donner à M. L'Hopital le moyen de continuer auprès de vous l'importante mission à laquelle vous l'avez appelé et qu'il accomplit avec un zèle et un succès auxquels vous vous plaisez à rendre hommage. Ne doutez pas que cette mission ne soit comptée à M. L'Hopital comme un service rendu, au moins aussi grand que ceux qu'il aurait pu rendre au Conseil d'État. Il n'y aura à cela que justice. »

M. de la Coste avait gardé de ses relations avec Georges L'Hopital le meilleur et le plus affectueux souvenir. Le 16 juin 1863, il lui écrivait, en apprenant la mort de M. L'Hopital, le père :

« Votre père était l'un des hommes les plus droits et les plus loyaux que j'aie connus, un cœur, comme on dit, de la vieille roche. C'est une grande chose que d'appartenir à ces bonnes souches : on y a puisé un sang que l'on transmet ensuite à ses enfants et qui garantit la race de toute souillure. »

Le 25 janvier 1852, Georges L'Hopital, nommé auditeur de 1re classe, fut attaché à la Section du Contentieux.

C'est là que les jeunes membres du Conseil d'État ont toujours trouvé l'occasion la plus favorable de faire apprécier leur valeur, l'étendue de leurs connaissances, la clarté et la solidité de la discussion, la précision et le relief dans la rédaction. L'Hopital se distingua là comme partout et, le 12 août 1857, après neuf ans et demi d'auditorat, il reçut sa nomination de Maître des Requêtes, attaché à la Section du contentieux.

III

Depuis la réorganisation du Conseil d'État, en l'an VIII, sous le Consulat, le premier Empire, la Restauration, le gouvernement de Juillet, la République et le second Empire, il y a toujours eu, dans ce grand corps de l'État, aussi bien, d'ailleurs, que sous la monarchie antérieure à 1789, deux éléments divers : l'un, représentant l'influence dominante du jour ; l'autre conservant les traditions d'indépendance et de justice absolues. Est-il besoin de dire que Georges L'Hopital appartenait à cette dernière catégorie et que jamais une considération politique n'eut accès dans sa conscience de magistrat ?

Il avait trouvé sa vraie place et il y fit si bien ses preuves que, le 5 juin 1860, il était nommé commissaire du gouvernement au Contentieux.

On ne sait pas toujours ce que sont les fonctions du ministère public devant cette haute juridiction qui touche aux points les plus délicats du droit public et du droit administratif. Il faut porter la parole dans toutes les affaires, préciser les faits, établir la doctrine, rappeler et discuter la jurisprudence dans les matières les plus diverses. C'est une lourde tâche, et qui met en pleine lumière les qualités de ceux qui réussissent. L'Hopital y réussit à merveille. L'étendue de son instruction juridique, la clarté et la solidité de sa parole furent remarquées dès ses débuts, et notamment dans l'affaire de la délimitation du port de Bercy, jugée par arrêt du 19 juillet 1860.

La plupart des conclusions qu'il a données ont été publiées par les journaux judiciaires et par le *Recueil des arrêts du Conseil*. Il convient d'en signaler deux qui se rattachent à des intérêts de l'ordre le plus important. C'est d'abord le recours formé par le prince de Montmorency-Luxembourg contre le décret impérial qui attribuait au comte de Talleyrand-Périgord le titre de duc de Montmorency (Arrêt du 26 mars 1866). C'est ensuite le recours relatif aux élections des ministres de l'Eglise réformée de Paris (Arrêt du 11 août 1866). Ces deux affaires soulevaient les difficultés les plus ardues sur la compétence du conseil d'État, sur l'application de la législation concernant les noms et les titres de noblesse, sur les principes qui président aux rapports des Églises avec l'État. Elles furent traitées par L'Hopital avec une profondeur, une habileté et un éclat auxquels l'accent de l'orateur donnait plus de relief, mais que la lecture permet encore d'apprécier.

En dehors de ses graves occupations au contentieux, Georges L'Hopital fut désigné pour faire partie comme Maître des Requêtes, de plusieurs commissions. Nous citerons ici sa nomination, en mai 1859, de membre du Conseil des Prises. La guerre avec l'Autriche donnait une grande importance à ce tribunal qui siégea pendant une année presque entière. Il fut, en outre, rapporteur auprès de la commission des donataires de Fontainebleau et des dotataires du Mont-de-Milan.

Le 18 août 1861, après dix-sept ans de services, il avait été nommé chevalier de la Légion d'honneur; il devait recevoir sept ans plus tard la croix d'officier, le 12 août 1868.

Les deux dernières affaires que nous avons citées plus haut ne pouvaient manquer de mettre en évidence sa valeur exceptionnelle. Le 23 octobre 1866, il était nommé Conseiller d'État. Certes, jamais avancement ne fut plus hiérarchique et mieux mérité par celui qui comptait alors neuf ans et demi d'auditorat et neuf ans de maîtrise des requêtes, dont six ans passés au ministère public. Cette carrière, Georges L'Hopital l'avait parcourue sans aucune influence étrangère, sans aucun appui politique. Il n'avait pas même été besoin de faire appel, en sa faveur, au souvenir du grand jurisconsulte Treilhard dans la famille duquel son mariage l'avait fait entrer, et qui fut, avec Portalis, la gloire et la lumière du Conseil d'État du premier Empire [1].

---

[1] M. Aucoc, membre de l'Institut, ancien président de section au Conseil d'État, a bien voulu nous communiquer les appréciations les plus intéressantes au sujet de cette partie de la carrière de L'Hopital.

IV

Georges L'Hopital fut attaché à la Section des Finances. Là, il sut prouver à quel point la force de volonté et la puissance de travail permettent à celui qui les possède de se tenir à la hauteur de situations diverses et qui sembleraient exiger des aptitudes très différentes. Doué d'une réelle faculté d'assimilation, n'ayant rien perdu de sa mémoire prodigieuse, Georges L'Hopital se trouva bientôt au milieu des questions financières comme dans son élément naturel. Il fut rapporteur et rédigea l'exposé des motifs de plusieurs projets de loi importants, entre autres de celui qui accordait à Lamartine, à titre de récompense nationale, une somme de quatre cent mille francs. Placé en bon rang parmi les orateurs d'affaires, il fut revêtu, pendant quatre années consécutives, de 1867 à 1870, des fonctions de commissaire du gouvernement au Sénat et au Corps législatif. Dans les discussions généralement financières, avec ou sans caractère politique, où il avait mission d'intervenir, la droiture et la franchise de sa discussion, la netteté et la précision de son langage lui assurèrent bientôt, avec d'unanimes sympathies, une véritable autorité.

Il n'est pas possible d'énumérer ici les nombreux débats auxquels il prit part. Nous rappellerons seulement une séance des plus intéressantes, celle du 14 juillet 1868. Le Sénat avait à examiner ce jour-là une pétition demandant une réduction de plus de moitié des droits perçus sur les vins à l'octroi de Paris. Les difficultés soulevées par cette discussion étaient des plus graves et se présentaient entourées de détails absolument techniques, connus seulement des spécialités professionnelles.

La haute Assemblée était mal familiarisée avec les mots de taxe unique, exercice, droits *ad valorem*, droits de circulation et de détail. Le débat fut vif et prolongé. MM. Le Verrier, Hubert Delisle, le marquis de Lagrange rapporteur, qui demandait au nom de la commission le renvoi de la pétition au ministre des Finances, de l'Intérieur et de l'Agriculture, prirent successivement la parole. En dépit, et peut-être un peu à cause de la grande éloquence de ces illustrations sénatoriales, la lumière n'était pas faite et la discussion menaçait de s'éterniser. Georges L'Hopital prit alors la parole. Dans son langage clair et mesuré, en homme modeste, mais sûr de lui et maître d'un sujet profondément étudié, il fit ressortir, au point de vue de l'équité comme des conséquences financières, les inconvénients du renvoi au gouvernement. Pour une réforme que ne justifiaient ni l'équité, ni les intérêts de la viticulture, ni ceux du consommateur, et qui ne devait profiter, en somme, qu'aux marchands de vins, il s'agissait d'imposer au Trésor un sacrifice de plus de 57 millions et de diminuer d'une somme égale le revenu des octrois de toutes les villes de France, sans que rien eût été prévu pour remplacer ces ressources. Le danger était réel, car le triple renvoi proposé par la commission dans une question de nature à passionner la population parisienne, s'il ne préjugeait pas la solution définitive, créait évidemment un embarras sérieux au gouvernement. Après l'exposé fait par Georges L'Hopital, la cause était entendue ; le Sénat passa à l'ordre du jour à une énorme majorité, non sans avoir prodigué à l'orateur du gouvernement les marques de son approbation.

Le 23 août 1870, un arrêté du ministre de l'intérieur nomma L'Hopital « commissaire général pour l'organisation des gardes nationales mobile et sédentaire, dans les départements d'Eure-et-Loir, de la Sarthe, de Loir-et-Cher et de Maine-et-Loire ». Les préfets de ces départements étaient invités à se concerter avec lui et à se conformer aux décisions qu'il croirait devoir prendre, en vertu des pouvoirs que le ministre lui déléguait. Cette mission dura dix jours laborieusement employés. A la suite de sa tournée et de ses rapports continuels, le ministre lui écrivait : « Je tiens à vous remercier du précieux concours que vous avez prêté à l'administration et à vous féliciter du zèle avec lequel vous avez rempli la mission que vous a confiée le gouvernement. »

Les jours tristes de notre histoire sont arrivés; notre plume, d'accord avec notre pensée, les franchira sans mêler un souvenir amer à l'hommage que nous rendons à celui dont la vie fut un continuel exemple d'indulgence et de modération.

Le 15 septembre 1870, le Conseil d'État était suspendu.

V

Georges L'Hopital était de ceux qui descendent du pouvoir, mais qui n'en tombent pas. Avec sa foi éclairée et profonde, son amour pour les siens, la conscience d'un passé fait de devoir et d'honneur, il pouvait vivre et il vécut sans découragement et sans regrets.

Assis à ce foyer de famille dont il avait toujours si tendrement aimé et si religieusement entretenu la douce flamme, son goût pour les belles choses de l'art et son culte pour les grands classiques, venaient encore charmer ses loisirs ; quelle défaillance pouvait l'atteindre, quelle déception ne pouvait-il braver? Chrétien et philosophe, il voyait de haut les choses et les hommes et, si parfois une triste pensée traversait la sérénité de son âme, c'est qu'elle s'envolait vers son pays vaincu et découronné.

Il avait alors quarante-cinq ans, c'est-à-dire qu'il était dans la force de l'âge et du talent mûri par l'expérience. Une manière de vivre admirablement sage et équilibrée avait conservé intactes et mis encore en relief les facultés dont il était doué. Sa vie publique était-elle à jamais finie ? Il le pensait peut-être et, en tout cas, envisageait avec fermeté cette retraite prématurée qui n'était cependant pas stérile : la confiance dont ses concitoyens l'entouraient lui permettait, en effet, de répandre autour de lui les services, les conseils et les exemples. Mais les hommes de sa trempe sont toujours recherchés : ce qu'ils ont fait pour le pays est la meilleure garantie de ce qu'ils pourraient faire encore. Et puis, on les sait toujours prêts à sacrifier, quand on fait appel à leur dévouement, leurs convenances personnelles et leurs griefs les plus légitimes.

La loi du 24 mai 1872 venait de charger l'Assemblée nationale d'élire les membres du Conseil d'État, dont la reconstitution se trouvait ainsi placée sur un terrain exclusivement politique ; ce n'était pas le meilleur qu'on pût choisir en pareille matière. Le garde des sceaux, M. Dufaure, comprit le danger et fit tous ses efforts pour introduire dans le nouveau Conseil un certain nombre d'hommes « de carrière », c'est-à-dire capables de maintenir les principes et les traditions sans lesquels disparaissent les qualités professionnelles, l'indépendance des caractères et, par suite, l'autorité morale de toute assemblée.

Mais les idées du gouvernement devaient se heurter à d'inexorables passions, réfractaires à tout raisonnement, incapables d'un sacrifice au bien public, et qui ne savent pas plus oublier le passé que prévoir l'avenir. Les défiances étaient profondes et, surtout, les rancunes étaient ardentes. En même temps, la révolution avait fait éclore, comme toujours, une foule de prétentions que le mérite ne justifiait pas souvent, mais qu'imposaient d'anciennes complicités d'opposition et de surprenantes alliances électorales. Quoi qu'il en fût, le siège de l'Assemblée nationale était fait, et les tentatives des véritables hommes d'État devaient fatalement échouer.

Ainsi furent écartés successivement les noms d'un grand nombre d'anciens Conseillers d'État, parmi lesquels figurait au rang le plus honorable celui de Georges L'Hopital. Il eut, cependant, on peut le dire aujourd'hui, sa nomination entre les mains : on la subordonnait seulement à des démarches auxquelles son tempérament n'était pas de nature à se plier. C'est ainsi qu'on lui demanda de poser formellement sa candidature, de rédiger et de faire distribuer un exposé de ses services, de se rendre, de sa personne, à Versailles, enfin de répondre à certaines objections qui pouvaient s'élever à l'encontre de son élection. De pareilles exigences se trompaient d'adresse, et Georges L'Hopital y répondit par la lettre qu'il écrivit à l'un de ses anciens amis, M. Vente, alors député, et depuis Conseiller à la Cour de Cassation : nous la reproduisons tout entière :

« Angerville, 1er juin 1872.

« Mon cher ami,

« Merci de vos deux lettres. Voici ma réponse aux quatre questions que vous me faites et que je résume ainsi :

« 1° Posez-vous votre candidature ?

« 2° Ferez-vous distribuer une notice individuelle ?

« 3° Voulez-vous venir à Versailles ?

« 4° Qu'aurions-nous à répondre aux griefs qu'on tirerait contre vous de vos anciennes fonctions de commissaire du gouvernement ?

« 1° Je ne puis que me tenir très honoré d'être candidat et très reconnaissant aux amis et aux anciens collègues qui me font tel. Mais je ne trouverais pas honorable de poser ma candidature moi-même... Si ma réserve n'était pas comprise, ce n'est pas pour moi que je le regretterais, mais je ne m'en repentirai pas, car elle m'est commandée par le respect de mon propre passé : mais elle m'apparaît comme un hommage à l'Assemblée, dont le suffrage me serait d'autant plus précieux que je ne l'aurais pas sollicité. Lorsque le roi Louis-Philippe me nomma auditeur, le 21 février 1848, c'était sur la demande de mon père et de ses collègues, membres du conseil général de l'Eure, et je n'ai jamais oublié cette entrée dans la vie publique. Mais, après ma rentrée par le concours, lorsque l'Empereur m'a nommé successivement maître des requêtes, commissaire du gouvernement, conseiller d'État, ce fut toujours sur des propositions hiérarchiques et sans que j'aie personnellement agi ou fait agir. Les sollicitations que je n'ai jamais faites pour avancer dans ma carrière, je ne commencerai pas à les faire pour entrer dans les fonctions publiques, à quarante-sept ans, après vingt-deux ans de bons et loyaux services. C'est à vous, messieurs, d'aviser.

« 2° Donc, sans critiquer en rien les distributeurs de notices individuelles, je ne les imiterai pas. Je n'ai d'autres titres au Conseil d'État que mes anciens services qui sont bien connus ; on peut les trouver forts ou faibles, ce n'est pas à moi qu'il appartient de les faire valoir.

« 3° Encore moins irai-je à Versailles, malgré le plaisir de vous y rencontrer. Versailles est un séjour que je m'interdis absolument jusqu'au vote de l'Assemblée sur le personnel dont il s'agit.

« 4° Que doit-on penser de mon rôle comme commissaire du gouvernement ? Ici je dois éviter une confusion et peut-

— 22 —

être, faire une rectification qui intéresse l'honneur de mes anciennes fonctions. Car je ne suis pas sûr qu'autour de vous tout le monde sache bien ce que c'est que le ministère public au contentieux du Conseil d'État.

« Si donc, par mon ancienne qualité de commissaire du gouvernement, vous entendez « le ministère public au contentieux », je tiens à répéter bien haut ceci. Mes devanciers, mes collègues, mes successeurs et moi-même, y avons toujours professé hautement et pratiqué, avec l'indépendance la plus complète, le principe que, devant la justice administrative, le gouvernement n'a pas d'autre intérêt que celui de la justice elle-même, et que ces mots « commissaire du gouvernement » veulent dire « commissaire de la loi et du bon droit ». L'Assemblée compte dans son sein et sur ses bancs divers beaucoup d'avocats au conseil d'État, par exemple MM. de Saint-Malo, Clément, Mazeau, Bozérian, Jozon ; ils doivent savoir ce qu'il en est, c'est leur affaire. Libre, d'ailleurs, à qui voudra de mettre dans telle ou telle de mes conclusions, que je ne me rappelle même plus, la politique que je n'y ai jamais mise. Mais je ne peux pas descendre à analyser ou à expliquer des actes ou des paroles de ma vie judiciaire. Et je ne l'essayerai pas.

« Avez-vous, au contraire, entendu parler de ma qualité de commissaire du gouvernement auprès du Sénat et du Corps législatif ? Oh ! cela est absolument différent ! Ici, la parole du commissaire du gouvernement était, dans l'ordre politique, celle du gouvernement lui-même. Très libre en ce sens qu'on ne m'a jamais fait l'injure de m'inviter à la prendre dans un sens qui n'eût pas été le mien, elle était et devait être subordonnée, puisque nous étions, aux termes de la Constitution, ou bien l'organe et l'interprète d'un projet de loi du gouvernement, ou bien le défenseur d'un de ses actes attaqués, ou enfin l'adversaire d'une proposition ou d'une pétition dirigée contre sa pensée ou son action. Je ne regrette rien de ce que j'ai dit ou fait en ce rôle ; je n'éprouve non plus aucun embarras à le caractériser, mais il faut bien le distinguer du précédent.

« Cela dit, mon bien cher ami, pour l'honneur du contentieux surtout, je m'en rapporte complètement au plus ou moins de bienveillance, de défiance ou d'hostilité que mon nom peut rencontrer de tel ou tel côté.

« En un mot, nommé je ne serai pas fier ; non nommé je serai plus heureux ; je n'ai donc qu'à gagner, quoi qu'il arrive, à la résolution que l'Assemblée a prise d'élire elle-même. »

Cette lettre sera précieusement gardée par la famille de Georges L'Hopital, et ses enfants y liront toujours les plus nobles leçons que puissent donner la fermeté d'une conscience sûre d'elle et d'un caractère qui n'est pas seulement digne, mais qui est la dignité même.

« Nommé, je ne serai pas fier ; non nommé, je serai plus heureux. » Le lendemain du jour où il écrivait ces mots, L'Hopital allait recevoir un témoignage des plus flatteurs et qui devait le rendre heureux et fier à la fois.

Aussitôt après l'installation du nouveau Conseil d'État, le Tribunal des Conflits fut réorganisé. Ce tribunal, on le sait, est chargé de maintenir, chacun dans la sphère de sa compétence, les pouvoirs judiciaire et administratif. Si l'on considère l'importance de ses attributions et la manière dont il est composé, le Tribunal des Conflits est, incontestablement, la juridiction la plus élevée. Le garde des sceaux, ministre de la Justice, le préside ; les membres sont : trois Conseillers d'État et trois Conseillers à la Cour de Cassation, tous élus par leurs compagnies respectives. Ces six membres élisent à leur tour, à la majorité des suffrages, deux membres qui siègent au même titre et au même rang. Le Conseil d'État envoya au Tribunal des Conflits ses trois présidents de section; la Cour de Cassation, un président de chambre et deux conseillers. Aussitôt après leur installation, ces membres élurent pour collègues MM. L'Hopital, ancien Conseiller d'État, et Quénault, Conseiller honoraire à la Cour de Cassation.

Certes, rien n'était plus significatif que cet hommage unanime et spontané émanant du haut tribunal, et Georges L'Hopital, qui en reçut à Angerville l'expression inattendue, a répété souvent que ce fut une des grandes joies de sa vie publique. Il apporta dans ses fonctions ses habitudes de travail consciencieux et de scrupuleuse justice, et siégea du 14 septembre 1872 au 11 décembre 1875, époque à laquelle il dut donner sa démission pour entrer comme directeur à la compagnie *La Nationale*.

VI

Dans le courant de l'année 1874, de nouvelles démarches furent encore faites auprès de L'Hopital pour le décider à accepter une grande situation administrative. Il s'agissait de la direction générale de l'Enregistrement et des Domaines. M. Roy, depuis longtemps titulaire de cette fonction, allait la quitter pour devenir président de chambre à la Cour des Comptes ; il devait être et il fut consulté par le ministre des Finances sur le choix de son successeur. Or M. Roy, plus que personne, avait été à même de se rendre compte de la compétence de L'Hopital sur les questions de l'enregistrement, au contentieux du Conseil, comme dans les discussions qu'il avait soutenues au Sénat et au Corps législatif. Aussi n'hésita-t-il pas à le présenter au choix du ministre. Pour la seconde fois, Georges L'Hopital allait se trouver ainsi candidat sans l'avoir demandé, presque sans le savoir.

L'histoire des négociations qui eurent lieu alors est tout entière dans la correspondance qu'on va lire et que nous avons tenu à reproduire parce qu'elle vaut mieux que toutes les appréciations pour préciser les faits et pour dépeindre les caractères.

Aux ouvertures que lui fit M. Roy, Georges L'Hopital répondit par la lettre suivante :

« Mon cher ancien Collègue,

« Décidément, je ne dirais pas *non* si on me faisait le périlleux honneur de penser à moi pour votre succession tout entière, c'est-à-dire pour le Conseil d'État comme vous l'aviez vous-même en même temps que la Direction générale. Vous comprenez qu'il y aurait là, pour moi, non pas une exigence personnelle, mais une conséquence nécessaire de ma situation, puisque le Conseil d'État étant mon seul titre dans le passé, deviendrait mon seul passeport...

« Maintenant, le ministre consentira-t-il à se priver de vos services si actifs et si précieux ? S'il se résigne à vous faire ce sacrifice, ira-t-il s'adresser à mon inexpérience, sachant bien qu'en vous succédant, je ne vous remplacerais pas ?

« Ce sont là ses affaires ; je ne dois et ne puis que répondre, après hésitation, à votre question éventuelle. A elle seule, elle me flatte beaucoup venant de vous et, quoi qu'il arrive, je vous en serai toujours reconnaissant.

« Tout à vous. »

Le 1er août 1874, M. Mathieu Bodet, ministre des Finances, écrivait à M. Roy déjà installé à la Cour des Comptes :

« Versailles, le 1er août 1874.

« Mon cher Président et ami,

« J'ai soumis ce matin au Conseil les quatre ou cinq candidatures qui étaient présentées pour votre remplacement. Il n'y a eu d'hésitation qu'entre M. L'Hopital et M. Levavasseur.

« Je n'ai pas laissé ignorer au Conseil que M. L'Hopital

était votre candidat. Il était aussi le mien ; j'ai fait connaître impartialement toutes les raisons et toutes les objections.

« Je crois que si la question avait été dégagée des considérations politiques, elle n'aurait pas donné lieu à de grandes difficultés.

« Le Conseil a pensé qu'il fallait donner la préférence à M. Levavasseur. Depuis quelques jours, l'opposition contre la candidature de M. L'Hopital était devenue assez vive parmi les membres de l'Assemblée ; le Conseil a pensé qu'il fallait en tenir compte.

« S'il s'était agi de la nomination d'un Conseiller d'État, j'aurais eu tous les membres du Conseil avec moi, car tout le monde reconnaissait son incontestable supériorité. Mais on a vu les inconvénients de le mettre à la tête d'un service qui a un personnel de plus de cinq mille employés, moins à cause de ses opinions (car on était bien sûr qu'il n'exercerait pas d'influence sur ses agents) qu'en raison de l'influence que pourraient avoir les opinions qu'on lui attribue.

« J'aurais été heureux d'écrire moi-même à M. L'Hopital pour lui annoncer sa nomination ; je ne veux pas lui écrire pour lui annoncer la nomination d'une autre personne. Je vous serais obligé de lui apprendre ce qui s'est passé. »

A la suite de la communication que lui fit M. Roy de la lettre du ministre, Georges L'Hopital écrivit à son tour à M. Mathieu Bodet pour le remercier de la bienveillance qu'il lui avait témoignée et reçut du ministre la réponse suivante :

« Versailles, le 9 août 1874.

« Mon cher ancien Conseiller d'État,

« J'ai été très touché de votre affectueuse lettre. J'aurais été bien heureux d'avoir à vous apprendre un autre résultat de notre délibération, et aussi d'avoir le concours d'un collaborateur tel que vous, pendant mon court passage aux affaires... Votre candidature, suscitée par d'autres que par vous, était bien vivement appuyée par vos anciens collègues du Conseil d'État. Permettez-moi de dire qu'elle était aussi bien sympathique à celui qui était chargé de faire la nomination... Je dois ajouter que tout ce qui a été dit dans le Conseil est bien honorable pour vous. S'il s'était agi d'une place de Conseiller d'État, vous auriez été certainement le candidat de tout le monde.

« Si je pouvais trouver une autre occasion de vous montrer les sentiments de haute estime et d'affection que j'ai pour vous, je serais bien heureux de la saisir.

« Mille amitiés. »

Il faudrait des pages pour énumérer les marques de sympathie et d'affection que reçut L'Hopital à cette occasion. Nous nous bornerons à citer des passages de deux lettres, l'une de M. Vuitry, l'autre de M. Aucoc.

Le 6 août, M. Vuitry lui disait :

«... Je sais combien peu vous désirez rentrer dans les fonctions publiques, et que, de votre part, c'était bien plutôt un acte de dévouement qu'une satisfaction d'ambition ; je ne vous fais donc aucun compliment de condoléance, je m'afflige pour l'intérêt de la chose publique et je vous félicite cordialement de vous mettre au-dessus de ces mesquines contestations ; car, ce qui reste incontesté pour tous, c'est votre mérite et votre caractère... »

Et M. Aucoc lui écrivait quelques jours avant, le 2 août :

«... Pour ma part, j'avoue que je suis tout entier à la déception du présent. Je sais quel est votre caractère, quels sont vos sentiments dans cette circonstance. Vous avez conservé toute votre dignité ; vous n'avez rien demandé, on est venu à vous ; par conséquent vous n'avez subi aucune diminution et, peut-être, pour votre repos et vos goûts, préférez-vous la solution actuelle ; moi, j'étais heureux de la pensée que nous allions être rapprochés ; que nous aurions encore à travailler ensemble dans ce Conseil d'État que nous aimons tant !... »

Un peu avant cette époque, des démarches d'une toute autre nature avaient été faites auprès de lui pour le déterminer à accepter la chaire de droit administratif à l'Université catholique de Paris que Monseigneur Guibert et la plupart des évêques de France venaient de fonder. Cette proposition lui fut faite par Monseigneur d'Hulst, alors vicaire général, dans les termes suivants :

« ... Je vous envoie directement, sans avoir l'honneur d'être connu de vous, l'expression d'un vœu qui est celui de tous les fondateurs de la future Université catholique de Paris : le vœu de vous voir apporter à cette Institution naissante le concours précieux de votre nom, de votre science et de votre talent, dans l'enseignement du droit administratif... »

L'Hopital alla voir le futur conférencier de Notre-Dame et résuma comme il suit l'entretien qu'ils eurent ensemble dans une lettre qu'il lui adressa le lendemain :

« ... Vous voudrez bien, j'en suis sûr, offrir à Son Éminence Monseigneur le Cardinal Archevêque de Paris l'hommage de mon plus profond respect et, en même temps, celui de la satisfaction que j'éprouve à penser qu'Elle a daigné apprécier mon attitude et mes sentiments. J'avais dû, en effet, pressentir que, dans la bouche d'un ancien Conseiller d'État de mon temps, l'enseignement du droit administratif français risquerait de ne pas se trouver toujours en parfaite conformité de tendances avec l'esprit plus spécialement catholique d'une institution où l'élément laïque aura peu de part.

« Mais, catholique moi-même, j'aime à espérer que cette difficulté qui s'imposerait à moi personnellement n'en sera pas une pour le recrutement des professeurs que vous recherchez avec des vues si élevées, et ne compromettra pas le rapide succès d'une œuvre à laquelle mes vœux sont toujours acquis... »

Monseigneur d'Hulst répondit :

« J'ai fait part au Cardinal de notre conversation. Il a été extrêmement touché de la délicatesse de vos procédés et de la haute loyauté de votre langage. Les déclarations que je lui ai faites de votre part, tout en augmentant son estime pour votre personne, l'ont amené à penser que vous n'aviez pas tort d'hésiter à donner votre concours à une œuvre d'enseignement dont la direction générale n'est peut-être pas en parfaite conformité avec votre manière de penser sur certains points et avec les habitudes de votre esprit. Il pourrait se faire que vous ne vous sentissiez pas tout à fait à l'aise dans une situation que le seul dévouement au bien vous aurait fait accepter. Dans ces conjonctures, Son Éminence ne se croit pas autorisée à vous demander le sacrifice de temps, de loisirs et de forces qui aurait assuré à notre enseignement votre participation précieuse. Confus d'avoir contribué plus que personne à soulever une question que j'ai le regret de voir résolue contrairement à mes espérances, je suis heureux, pour ma part, d'avoir trouvé dans cette circonstance l'occasion de faire votre connaissance, et c'est d'une façon qui n'a rien de banal que je vous prie d'agréer, avec l'assurance de mon respect, l'expression du souvenir précieux que j'emporte des relations que nous avons échangées. »

A la fin de 1875, la direction de la grande compagnie d'assurances sur la Vie, *la Nationale*, fut offerte à Georges L'Hopital. L'un de ses meilleurs amis, M. Vuitry, ancien ministre président du Conseil d'État, prit l'initiative de sa présentation au conseil de cette société, qui se composait des plus hautes notabilités financières ; le succès de cette démarche fut aussi prompt que complet et, dès le 9 janvier 1876, M. Vuitry put écrire à l'Hopital :

« Mon cher ancien collègue,

« Nous venons de nous réunir chez M. Davillier. Mes deux collègues ont été charmés d'apprendre que vous vouliez bien accepter la direction de nos affaires et nous sommes unanimes pour proposer votre nomination à notre conseil. On a même pensé qu'il convenait de ne pas attendre notre réunion ordinaire de quinzaine et le président fait convoquer un conseil spécial pour samedi. Laissez-moi vous dire combien je suis heureux de me retrouver avec vous... »

Les fonctions qu'il venait d'accepter étaient toutes nouvelles pour lui, et rien dans le cours de sa carrière ne l'y avait préparé. Il se mit sans hésiter au travail, sacrifia entièrement sa liberté, renonça à la vie de campagne qu'il aimait, et parvint bientôt, grâce à son exceptionnelle puissance d'assimilation et à son labeur opiniâtre, à posséder entièrement toutes les questions théoriques et pratiques qui composent la science complexe et difficile des assurances. Nous ne voulons pas détailler ni même énumérer les multiples affaires dont il eut à s'occuper pendant ses onze années de direction. Disons seulement que, dans une occasion importante, il lui fut donné de mettre au service des intérêts dont il avait la garde, les souvenirs qu'il avait laissés au Conseil d'État, les relations qu'il y avait conservées et sa connaissance approfondie de toutes les matières administratives ; un succès complet couronna ses efforts, partagés d'ailleurs par deux de ses anciens collègues et amis MM. de Bosredon et Charles Robert qu'il avait été heureux de retrouver à la tête de deux autres grandes compagnies.

Le 30 mars 1887, M. le comte Pillet-Will, président du Conseil d'Administration, adressait à Georges L'Hopital, une délibération conçue en ces termes :

« ... Le Président donne lecture d'une lettre de M. L'Hopital, directeur, regrettant de ne pouvoir assister à la dernière séance du Conseil avant la cessation de ses fonctions et exprimant au Conseil toute sa gratitude pour la confiance qu'il lui a témoignée et le soutien dont il l'a aidé pendant les onze années qu'a duré sa Direction.

« Le Président dit qu'en octobre dernier, lors de la décision prise par M. L'Hopital de se retirer, il n'a pas manqué de faire consigner au procès-verbal tous les regrets de la Compagnie à l'occasion de son départ.

« Il est certain d'être l'interprète des sentiments du Conseil en renouvelant aujourd'hui l'expression de ces regrets et aussi de la reconnaissance de la Compagnie pour le zèle et le dévouement à ses intérêts dont M. L'Hopital n'a cessé de faire preuve pendant tout le temps qu'il a consacré à la *Nationale*.

« Le Conseil donne son adhésion entière aux paroles du Président et décide qu'un extrait du procès-verbal de la présente séance sera adressé à M. L'Hopital. »

En même temps on pouvait lire dans un des

principaux organes de la finance : « Pendant les onze années que M. L'Hopital a passées à la tête de la compagnie *la Nationale*, on a pu apprécier à quel point ce choix avait été judicieux et favorable aux intérêts sociaux. M. L'Hopital venait, comme ses collègues MM. de Bosredon et Charles Robert, de cette pépinière d'hommes distingués qui a été le Conseil d'État du second Empire. En 1874, il avait été membre du Tribunal des Conflits et c'est là que *la Nationale* avait été le chercher pour le mettre à la tête de ses services. En quittant ce poste élevé, il emporte le regret de tous ceux qui l'ont connu et qui étaient avec lui en relations quotidiennes de travail et d'affaires... Son successeur désigné est M. Grimprel, directeur de la Dette inscrite, c'est-à-dire chef de l'un des services les plus importants du ministère des Finances... Si l'honorable M. L'Hopital pouvait être remplacé, aucun choix ne pouvait donner à la direction d'une de nos premières compagnies françaises des garanties plus solides. »

D'ailleurs ces démonstrations si honorables ne devaient pas s'arrêter là. Les administrateurs de la *Nationale*, qui avaient été à même d'apprécier sa valeur, l'appelèrent à siéger parmi eux. Il fut heureux de pouvoir ainsi continuer à s'occuper d'affaires auxquelles il avait consacré une partie de sa vie, heureux aussi des rapports de mutuelle confiance qui s'établirent bien vite entre lui et son successeur devenu son ami.

Georges L'Hopital avait d'ailleurs annoncé, plusieurs années à l'avance, le terme de ces dernières fonctions ; c'était de propos délibéré qu'il abandonnait l'honorable et splendide situation qui lui était faite à *la Nationale*. En pleine possession de ses forces intellectuelles et physiques, il avait jugé que le moment était venu pour lui de se séparer des agitations de la vie publique que si peu d'hommes savent abandonner à propos, pour se recueillir au milieu de ceux qu'il aimait, en lui-même et devant Dieu.

VII

La tâche de Georges L'Hopital n'était pas finie puisqu'il avait encore du bien à faire ; il le savait et il le voulait ainsi. Il était resté profondément attaché à son pays natal, à sa ville d'Évreux, à sa terre d'Angerville, et il leur consacrait le temps que n'absorbaient pas ses devoirs publics. Il tenait par toutes les fibres de son âme si tendre et si délicate à la maison paternelle, où son plus cher désir était de réunir autour de lui et de la compagne incomparable que le ciel lui avait donnée, au milieu des souvenirs de ses chers disparus, ses enfants qu'il chérissait, et ces jolis anges, printemps de sa vieillesse, aux boucles blondes desquels il aimait tant à mêler ses cheveux blancs.

Au Conseil d'État comme ailleurs, il avait saisi toutes les occasions — et elles avaient été fréquentes, de prouver son affection à ses concitoyens et de servir leurs intérêts. La seule fonction élective qu'il eût jamais voulu remplir dans l'Eure était celle de

Conseiller d'arrondissement, le siège de Conseiller général de son canton étant occupé par son illustre concitoyen, allié et ami, l'amiral de la Roncière-le-Noury. Nommé pour la première fois en 1852, il fut, de 1868 à 1873, président de ce Conseil et s'acquitta de ces fonctions avec autant de compétence que d'assiduité. En 1872, il donna lecture au Conseil d'un travail très important sur l'assistance publique, où se révèlent, à côté d'une science approfondie de la législation, les vues pratiques d'un homme qui connaissait à fond les mœurs et les besoins de sa province. En publiant un jour ce précieux document resté manuscrit, les fils de Georges L'Hopital rendront un hommage de plus à sa mémoire et apporteront un nouvel élément à l'étude d'une des faces les plus intéressantes de la question sociale.

Un jour, L'Hopital eut l'idée de se livrer à la vérification des chiffres fournis par l'administration des Contributions directes pour la répartition des contributions entre toutes les communes de l'arrondissement d'Évreux. Il passa plusieurs jours dans les bureaux de la direction, absorbé dans un océan de chiffres arides, mais il en sortit à son honneur et put rapporter au Conseil d'arrondissement l'assurance que le travail administratif était rigoureusement exact. Nous avons relaté ce fait à dessein parce qu'il met en relief un des traits caractéristiques de Georges L'Hopital qui ne se contentait jamais d'à peu près et entendait creuser tout à fond. Quand on lui apportait un objet à étudier, il

ne fallait pas penser qu'il se contenterait d'appa
rences. Il déshabillait l'objet en question, il le démontait pièce à pièce et le laissait en repos seulement lorsque le sentiment de sa responsabilité personnelle qu'il avait à un si haut degré était pleinement satisfait.

En 1865 nous trouvons Georges L'Hopital président de la Société libre d'agriculture, sciences, arts et belles-lettres de l'Eure, et dirigeant, avec son autorité et son zèle habituels, les travaux de cette Compagnie. La modération et l'à-propos de son langage, le tact avec lequel il savait, sans oublier qu'il appartenait à l'un des grands corps de l'État, respecter et faire respecter les traditions de la Société et les opinions diverses d'hommes considérables venus de tous les points de l'horizon politique, lui concilièrent d'unanimes sympathies. Il n'était pas toujours facile de parler, en 1865, devant MM. de Broglie, Passy, Delisle, Wolowski, Duverger, Pouyer-Quertier et bien d'autres ; il est permis de citer, à ce propos, quelques lignes de l'allocution que L'Hopital prononça à la séance où il fut installé comme président, et qui sont une preuve nouvelle de son tact parfait :
« Messieurs, en France, au dix-neuvième siècle, nous sommes à la fois bien vieux et bien jeunes. Nous sommes bien vieux car il s'est passé dix-huit siècles depuis que le christianisme est venu préparer la vie de la société moderne ; treize, depuis qu'avec Clovis et Clotilde il a commencé à dégager du chaos des tribus barbares la supériorité de la tribu des Francs

pour en faire naître la nation française ; six, depuis qu'il nous a sacrés avec saint Louis dans toute la grandeur de la force morale et de la vertu ; deux et plus depuis que, sur le sol autrefois délivré par Jeanne d'Arc, Henri IV a fondé avec des assises nouvelles, Richelieu élevé, et Louis XIV couronné, le grand édifice, désormais impérissable, de l'unité nationale. Mais nous sommes jeunes, car il n'y a pas encore cent ans qu'une tempête irrésistible, et sans doute nécessaire, a secoué l'ancien ordre de choses pour faire apparaître la liberté, qui n'est libre qu'à la condition de se commander à elle-même, l'égalité, qui ne peut être égale que sous le niveau de la loi, en un mot, le droit de tous qui ne se comprend pas sans le devoir de tous. »

Georges L'Hopital avait le jugement qui fait qu'on sait dire ce qu'il faut et la finesse qui fait qu'on le dit bien. Aussi ses nombreux discours, prononcés souvent dans des circonstances délicates, n'inspiraient d'appréhension à personne et étaient toujours accueillis par l'assentiment général.

En 1869, à la veille de voir sa carrière si prématurément brisée, L'Hopital éprouva encore un véritable bonheur, celui de présider la distribution des prix du Lycée d'Évreux et de se retrouver ainsi, à un titre bien différent, après plus de trente-cinq ans, dans l'enceinte de la maison qui avait été témoin de ses premiers succès. Ces souvenirs donnaient à sa parole une émotion communicative, un charme pénétrant, qui se font sentir au cours de son allocution, l'une des meilleures qu'il ait prononcées et dont nous tenons à citer un court extrait.

Il se demande et il demande aux jeunes qui l'écoutent, *ce que c'est que la jeunesse*, et il poursuit : « Je crois entendre la réponse mentale de chacun de vous : Belle question ! la jeunesse, mais c'est ce que vous n'avez plus et ce que nous avons, nous autres. Puisqu'elle est la jeunesse, c'est-à-dire la santé, la force et la vie, la jeunesse, c'est nous-mêmes et nous seuls !

« De bonne foi, en êtes-vous bien sûrs ?

« Il y a des hommes que le cours des années semble laisser intacts, dont le front garde sa pureté sous les cheveux blancs, dont l'âme s'élève et dont le cœur grandit à chaque époque de la vie, chez qui la science et l'expérience ne sont jamais qu'une indulgence et une sérénité de plus, des hommes qui mûrissent et ne vieillissent pas. Vous en connaissez ! j'en connais, moi aussi... Il y a, au contraire, (mais ceux-là vous n'en connaissez pas, et j'espère bien que vous n'en connaîtrez jamais), des êtres à forme humaine, à qui les registres de l'état civil donnent bien douze ans, quinze ans, vingt ans, mais qui ne mûriront pas parce qu'ils n'auront pas fleuri ; qui ne vieilliront même point, puisqu'ils n'ont pas d'âge ; qu'on dirait éteints, s'ils avaient jamais brillé de quelque lumière ou brûlé de quelque flamme, et si, pour leur corps, pour leur esprit, pour leur cœur, le souffle de vie n'avait pas toujours failli.

« De quel côté sont les jeunes ? Est-ce chez ceux-ci

ou chez ceux-là que nous saluerons la vraie jeunesse?... Ah ! mes amis, prenez garde. Oui, la jeunesse est la santé mais si on l'a laissée ne venir qu'à son heure ! Oui, elle est la force, mais à la condition de s'appuyer sur le sens moral, sur la règle, sur le dévouement, sur le sacrifice ! Oui, elle est la vie, mais seulement quand elle est l'amour du bien, du vrai et du beau, quand elle est l'enthousiasme et la foi, quand elle est elle-même ! »

Et sa péroraison, il la tirait du mot d'Auguste mourant à ses amis : *N'ai-je pas bien joué mon rôle ?*
« Avoir bien joué son rôle, dans la bouche d'un prince païen, cela voulait dire peut-être avoir tiré grand et bon parti de la comédie humaine. Pour aucun de nous le sens ne saurait plus être celui-là ! Qui que nous soyons, viennent les périls, nous les aurons surmontés ; les épreuves, nous les aurons traversées ; le bonheur ou la grandeur, nous les aurons portés ; les chagrins ou la disgrâce, nous les aurons supportés, à la seule condition d'avoir bien rempli notre rôle ; mais lequel ? Notre devoir vis-à-vis de nous-mêmes, de notre famille, de notre patrie et de Dieu ! »

Ces paroles serviront de conclusion à notre récit. Et où trouver un plus saisissant, un plus touchant épilogue ?

En parlant des hommes « dont le front garde sa pureté sous les cheveux blancs, dont l'âme s'élève et dont le cœur grandit à chaque époque de leur existence » Georges L'Hopital n'a-t-il pas tracé son propre portrait ? Et ne semble-t-il pas qu'il ait voulu graver la devise de sa vie aux cœurs des jeunes générations de son pays natal, dans ces quatre mots qui embrassent le monde d'en haut et le monde d'en bas, le temps et l'éternité : *Honneur, famille, patrie, Dieu.*

VIII

C'est au château des Bordes, chez le second de ses fils, qu'il fut atteint d'un malaise dont ni la plus tendre sollicitude, ni les lumières de la science ne pouvaient soupçonner toute la gravité, moins encore conjurer le fatal dénouement. Pour lui, sa principale préoccupation, le désir qu'il manifestait le plus souvent, c'était de rentrer dans son cher Évreux... Il ne devait plus le revoir.

Georges L'Hopital s'éteignit en quelques instants et sans souffrances, le 20 novembre 1892. La funèbre nouvelle arriva le lendemain à Évreux où l'on calculait encore le temps de repos nécessaire pour affermir sa convalescence et permettre son retour. On vit se produire alors, enveloppé des voiles d'une douleur profonde et universelle, ce sentiment de découragement que laisse à sa suite la perte d'un homme dévoué, généreux, utile entre tous.

Qu'allaient devenir ceux qui combattaient à côté de L'Hopital, soutenus par ses conseils, encouragés par ses exemples, pour l'honneur et la défense de la religion et de la liberté ? Comment combler le vide que laissait son absence dans toutes les œuvres nobles et utiles entreprises à Évreux : à la Société civile, aux Comités de bienfaisance et des Écoles chrétiennes libres et, surtout, dans les conseils de cette grande Institution de Saint-François à la fondation et au maintien de laquelle il avait si puissamment contribué ? Alors aussi, se révélaient de toutes parts les mystères d'une charité dont les manifestations ne se faisaient jamais attendre et dont les sacrifices, incessamment renouvelés, semblaient toujours se tenir au niveau de besoins sans cesse renaissants.

Un service funèbre fut célébré d'abord à l'église du Plessis-Pâté, commune où est situé le château des Bordes et dont L'Hopital avait été maire durant plusieurs années. Une grande quantité d'amis de Paris se rendirent à cette cérémonie où l'on vit accourir une affluence considérable de personnes du pays, appartenant à toutes les conditions et désireux de rendre un dernier hommage à l'ancien maire du Plessis.

Aussitôt après, les restes mortels de Georges L'Hopital furent ramenés à Évreux où ses funérailles furent célébrées avec une grande solennité au milieu de l'émotion et du recueillement d'une énorme assistance. Ce qui imprima aux deux cérémonies un caractère particulièrement touchant, ce fut la présence du personnel de la *Nationale*. M. Grimprel avait fait donner aux différents services les autorisations nécessaires pour que chacun pût se rendre soit au Plessis, soit à Évreux ; et tous voulurent témoigner pour la dernière fois à leur ancien directeur les sentiments de reconnaissance et d'affection que leur avaient inspirés son esprit de justice, sa bienveillance, l'intérêt qu'il leur portait et dont il était si heureux de leur donner des preuves.

Mgr l'Évêque d'Évreux avait tenu à donner à la mémoire du défunt et à sa famille une marque particulière de son estime en venant spontanément présider la cérémonie et donner l'absoute. Au sortir de la cathédrale le cortège se rendit au cimetière de Guichainville, où se trouve la sépulture de la famille L'Hopital.

Après les dernières prières, MM. Louis Passy et Alfred de Jancigny prononcèrent les allocutions suivantes.

Discours de M. Passy :

« Georges L'Hopital est mort. Pour sa famille, pour ses amis, pour le pays d'Évreux, le deuil que nous conduisons aujourd'hui est un grand deuil. Chacun demeure accablé par ses souvenirs et partage la même douleur. Je voudrais, en mon nom et au nom des absents, rendre hommage à cette chère mémoire, et peut-être pourrai-je en même temps réussir à confondre tous les regrets dans les mêmes paroles et les mêmes adieux.

« Et tout d'abord, comment ne rappellerais-je pas, à cette heure suprême, le souvenir de ses excellents parents qui vécurent avec les miens à Évreux, pendant si longtemps, dans une parfaite communauté de devoirs publics et d'affectueuse confiance ? Hélas ! il y a déjà soixante ans, et c'est à peine si je pourrais trouver à Évreux quelque survivant de ces temps à jamais évanouis ! J'ai connu toute la vie de Georges L'Hopital, comme il a connu la mienne, et j'ai le droit de dire que sa première qualité, comme sa dernière, fut l'amour, la passion, le culte de sa famille. C'est dans un foyer toujours brûlant de tendresse et de dévouement que s'est allumée sa première ambition de faire valoir ses mérites naturels et de tenir dans le monde la place qu'il devait si bien occuper. La maturité de son esprit le conduisit à des premiers succès qu'il ne cessa de mériter et d'agrandir. Je le vis, nous le vîmes alors entrer dans une famille illustrée par un grand nom, puis travailler, s'élever peu à peu et conquérir la première place dans le Conseil d'État de l'Empire.

« La loyauté de son caractère, sa connaissance approfondie de la science administrative, lui rendirent faciles les relations avec les représentants du pouvoir et, dans des situations souvent délicates, il sut garder une autorité que d'autres auraient perdue. Plus tard, dans la direction de la grande compagnie d'assurances *la Nationale*, dans les fonctions de représentant des intérêts d'Evreux, dans l'administration des institutions de bienfaisance, partout, il déploya les mêmes qualités, remporta les mêmes éloges, entraîna les mêmes sympathies.

« Ce n'est pourtant pas de ses talents que je dois vous parler ici. Ce qui me tenait au cœur, à moi qui fus le témoin de sa vie, c'était de dire bien haut, de répéter qu'il fut un fils, un mari, un père admirable. Il était affectueux et tendre, mais ferme et résolu. Le devoir était pour lui le devoir; le bien et le mal étaient le bien et le mal; les amitiés étaient des amitiés. Homme d'ordre, dans les choses publiques comme dans la vie privée, il tint toujours, le cœur haut, le chemin de la vie. Ses enfants qui m'entourent ont déjà suivi ses nobles exemples. De son vivant, ils ont recueilli l'héritage des sympathies universelles qui attendent, quoi qu'on en pense, tous ceux qui vont au but sans se reposer et sans faiblir.

« Georges L'Hopital, vous le savez, a été foudroyé debout, tout à coup, au milieu des siens. Quelle plus belle mort pour cette âme toute prête à la séparation éternelle? Il connaissait la douceur et la force de la religion, qu'il honorait en famille et qu'il pratiquait avec cette fidélité qui était le trait de son caractère. Eût-il mieux valu, pour la satisfaction de son cœur, qu'il eût le temps de se reconnaître? Je n'ose le dire. Quant à moi, quant à vous tous qui pleurez et qui m'entendez, vous pouvez avec la sérénité de la confiance dire adieu à l'ami que nous avons perdu. Il fut un homme de bien. Il reposera, que dis-je, il repose dans la paix du Seigneur. »

Discours de M. de Jancigny :

« La mort se charge de donner aux vivants de terribles leçons. Mais aussi la mort, pour le chrétien, c'est l'éternité qui commence, éternité de bonheur lorsque la vie a présenté l'exemple du devoir accompli envers Dieu et envers les hommes ; exemple glorieux qui consacre et sanctifie par la douleur les traditions de la famille et forme comme le prolongement d'une chaîne de vertus entre celui qui disparaît et ceux qu'il laisse après lui, entre le ciel et la terre.

« Cet exemple, nul ne l'a plus généreusement donné que Georges L'Hopital. Aussi, imposant pour un instant silence à l'émotion qui nous oppresse, est-ce, tout d'abord, avec la foi du Catholique et avec la fierté du Français que nous devons honorer cette noble nature dont aucun sentiment douteux ne ternit jamais la pureté, dont aucune faiblesse ne fit jamais fléchir l'inflexible droiture.

« La droiture! C'était la qualité maîtresse de Georges L'Hopital; elle ne s'est jamais démentie, n'a connu ni compromis ni complaisance, et a été, à toutes les heures de sa carrière, sa force et son honneur. C'était, d'ailleurs, une droiture enveloppée de calme et de douceur, sachant tempérer le conseil ou la leçon par le charme d'une parole fine et élevée; cette manière lui était toute naturelle ; il n'y faisait aucun effort et suivait simplement les inspirations de son cœur, servies par l'exquise délicatesse de son esprit.

« Aujourd'hui est encore pour nous tous le jour des larmes; pour notre ami, le jour de l'histoire viendra bientôt, et il suffira de raconter fidèlement sa vie pour rendre à sa mémoire le meilleur des hommages. Depuis sa jeunesse,

trempée aux principes les plus fermes de la religion, nourrie de fortes études, jusqu'au jour où s'ouvrirent devant lui, comme d'elles-mêmes, les portes du Conseil d'État, nous le retrouvons toujours égal à lui-même, toujours supérieur aux événements qui se précipitent autour de lui, toujours ferme et bon. Car Georges L'Hopital avait la suprême distinction des grandes âmes : la bonté. Et c'était cette bonté vraie, à la fois prudente et rapide, se souciant peu de la reconnaissance, comme si elle voulait se conserver le droit d'obliger encore ceux-là mêmes qui auraient le malheur d'oublier. Il les a connus, lui aussi, les effets de l'ingratitude, et il est permis de répéter en parlant de lui ce qu'il disait de son parent, de son ami, notre illustre amiral de la Roncière : « Si, à
« Évreux ou ailleurs, le pays ou le corps électoral n'ont pas
« toujours su ou voulu lui demander tout ce dont il était
« capable pour l'honneur, pour les intérêts communs, c'est
« comme Français et comme Ebroïciens qu'il nous faut le
« déplorer. Quant à lui, il est toujours resté le même pour
« tous et n'a jamais fait défaut à ceux qui ont pu changer
« pour lui. »

« Il ne fut indifférent à rien de ce qui lui semblait utile, et chacun de ses jours est marqué par un nouveau service. A la Société d'agriculture de l'Eure, à l'école des frères, au cercle catholique, aux associations ouvrières, à l'école libre Saint-François de Sales, aux comités et aux œuvres de charité, à la Société civile, partout on peut suivre le sillon bienfaisant qu'ont laissé son jugement et son expérience. Quant à sa générosité si bien secondée par une femme incomparable et par des enfants dignes de tous deux, on trouve partout la main qui prodiguait ses largesses, mais qui ne s'ouvrait que dans le mystère; il était de ceux qui pensent que le bien ne fait pas de bruit et que le bruit ne fait pas de bien.

« Le bonheur de Georges L'Hopital était de vivre dans cette ville d'Évreux, dans cette maison paternelle qu'il aimait tant. Nous l'y attendions avec joie... Hélas ! cher ami de mon enfance, est-ce ainsi que nous devions nous y retrouver? Hier nos bras étaient ouverts, aujourd'hui nos cœurs sont brisés !... Ayons cependant le courage de les élever vers le suprême Consolateur, en faveur du croyant inébranlable, du catholique solide et sincère, en lui disant : A Dieu ! ce qui, dans le langage chrétien, veut dire : Au Revoir ! »

ÉVREUX, IMPRIMERIE DE CHARLES HÉRISSEY

www.ingramcontent.com/pod-product-compliance
Lightning Source LLC
LaVergne TN
LVHW021734080426
835510LV00010B/1254